Mon album illustré bilingue

Cartea mea bilingvă cu ilustrații

Les plus beaux contes pour enfants de Sefa en un seul volume

Ulrich Renz • Barbara Brinkmann:

Dors bien, petit loup · Somn uşor, micule lup

À lire à partir de 2 ans

Cornelia Haas • Ulrich Renz:

Mon plus beau rêve · Visul meu cel mai frumos

À lire à partir de 2 ans

Ulrich Renz • Marc Robitzky:

Les cygnes sauvages · Lebedele sălbatice

D'après un conte de fées de Hans Christian Andersen

À lire à partir de 5 ans

© 2024 by Sefa Verlag Kirsten Bödeker, Lübeck, Germany. www.sefa-verlag.de

Special thanks to Paul Bödeker, Freiburg, Germany

All rights reserved.

ISBN: 9783756304622

Lis · Écoute · Comprends

Dors bien, petit loup
Somn uşor, micule lup

Ulrich Renz / Barbara Brinkmann

français — bilingue — roumain

Traduction:

Céleste Lottigier (français)

Stefan Gitman (roumain)

Livre audio et vidéo :

www.sefa-bilingual.com/bonus

Accès gratuit avec le mot de passe:

français: **LWFR1527**

roumain: **LWRO2724**

Bonne nuit, Tim ! On continuera à chercher demain.
Dors bien maintenant !

Noapte bună, Tim! Vom continua să căutăm mâine.
Somn uşor!

Dehors, il fait déjà nuit.

Afară este deja întuneric.

Mais que fait Tim là ?

Ce face Tim acolo?

Il va dehors, à l'aire de jeu.
Qu'est-ce qu'il y cherche ?

Iese afară, se duce la locul de joacă.
Pe cine caută oare acolo?

Le petit loup !

Sans lui, il ne peut pas dormir.

Pe micul lup!

Nu poate dormi fără el.

Mais qui arrive là ?

Cine vine acum?

Marie ! Elle cherche son ballon.

Marie! Ea își caută mingea.

Et Tobi, qu'est-ce qu'il cherche ?

Și oare ce caută Tobi?

Sa pelleteuse.

Excavatorul lui.

Et Nala, qu'est-ce qu'elle cherche ?

Şi oare ce caută Nala?

Sa poupée.

Păpuşa ei.

Les enfants ne doivent-ils pas aller au lit ?
Le chat est très surpris.

Copiii ăştia nu trebuie să se ducă la culcare?
Pisica se miră.

Qui vient donc là ?

Cine vine acum?

Le papa et la maman de Tim !
Sans leur Tim, ils ne peuvent pas dormir.

Mama şi tatăl lui Tim!
Ei nu pot dormi fără Tim.

Et en voilà encore d'autres qui arrivent !
Le papa de Marie. Le papi de Tobi. Et la maman de Nala.

Şi acum vin mai mulţi! Tatăl Mariei.
Bunicul lui Tobi. Şi mama Nalei.

Vite au lit maintenant !

Acum repede în pătuț!

Bonne nuit, Tim !

Demain nous n'aurons plus besoin de chercher.

Noapte bună, Tim.

Nu mai e nevoie să căutăm mâine.

Dors bien, petit loup !

Somn uşor, micule lup!

Cornelia Haas • Ulrich Renz

Mon plus beau rêve

Visul meu cel mai frumos

Traduction:

Martin Andler (français)

Bianca Roiban (roumain)

Livre audio et vidéo :

www.sefa-bilingual.com/bonus

Accès gratuit avec le mot de passe:

français: BDFR1527

roumain: BDRO2724

Mon plus beau rêve
Visul meu cel mai frumos

Cornelia Haas · Ulrich Renz

français   bilingue   roumain

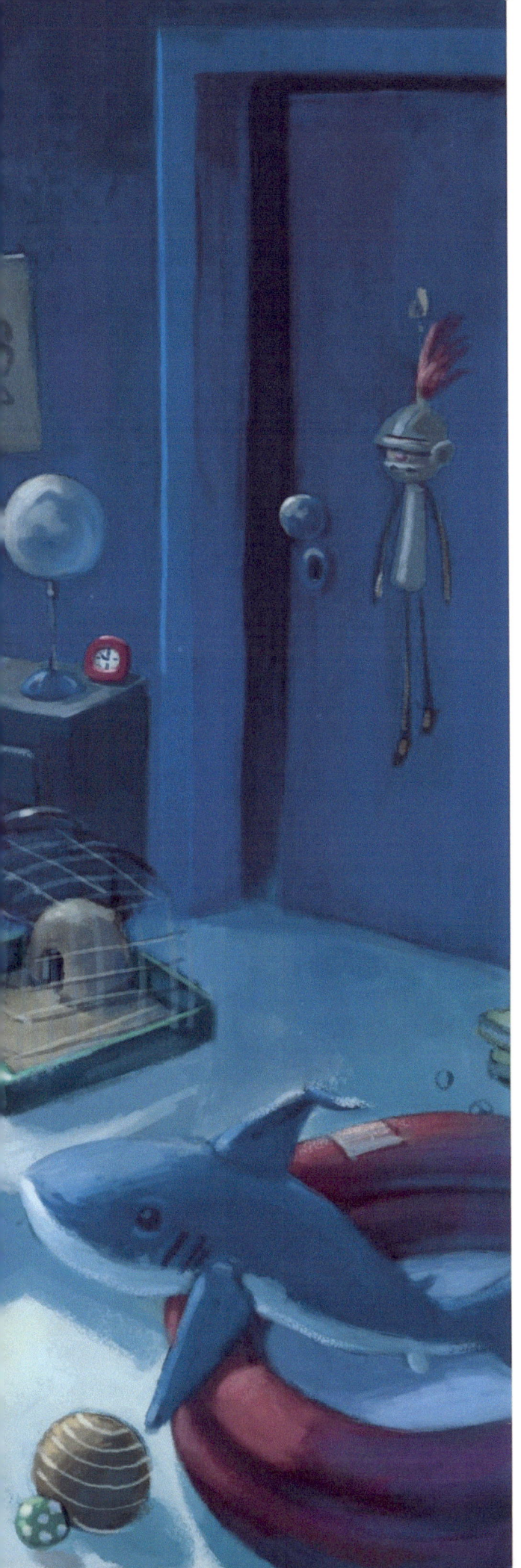

Lulu n'arrive pas à s'endormir. Tous les autres rêvent déjà – le requin, l'éléphant, la petite souris, le dragon, le kangourou, le chevalier, le singe, le pilote. Et le bébé lion. Même Nounours a du mal à garder ses yeux ouverts.

Eh Nounours, tu m'emmènes dans ton rêve ?

Lulu nu poate să adoarmă. Toți ceilalți visează deja – rechinul, elefantul, șoarecele cel mic, dragonul, cangurul, cavalerul, maimuța, pilotul. Și puiul de leu. Și ursului aproape că i se închid ochii.

Ursule, mă iei cu tine în visul tău?

Tout de suite, voilà Lulu dans le pays des rêves des ours. Nounours attrape des poissons dans le lac Tagayumi. Et Lulu se demande qui peut bien vivre là-haut dans les arbres ?

Quand le rêve est fini, Lulu veut encore une aventure. Viens avec moi, allons voir le requin ! De quoi peut-il bien rêver ?

Și deja este Lulu în lumea de vis a urșilor. Ursul prinde pești în lacul Tagayumi. Și Lulu se miră, oare cine locuiește acolo sus în copaci? Când visul s-a sfârșit, Lulu vrea să descopere și mai mult. Hai și tu, îl vizităm pe rechin! Oare ce visează el?

Le requin joue à chat avec les poissons. Enfin, il a des amis ! Personne n'a peur de ses dents pointues.

Quand le rêve est fini, Lulu veut encore une aventure. Venez avec moi, allons voir l'éléphant ! De quoi peut-il bien rêver ?

Rechinul se joacă de-a prinselea cu peștii. În sfârșit are prieteni! Niciunuia nu îi e frică de dinții lui ascuțiți.

Când visul s-a sfârșit, Lulu vrea să descopere și mai mult. Haideți și voi, îl vizităm pe elefant! Oare ce visează el?

L'éléphant est léger comme une plume et il peut voler ! Dans un instant il va se poser dans la prairie céleste.

Quand le rêve est fini, Lulu veut encore une aventure. Venez avec moi, allons voir la petite souris. De quoi peut-elle bien rêver ?

Elefantul este ușor ca o pană și poate zbura! Imediat aterizează pe pajiștea cerului.

Când visul s-a sfârșit, Lulu vrea să descopere și mai mult. Haideți și voi, îl vizităm pe șoarecele cel mic. Oare ce visează el?

La petite souris visite la fête foraine. Ce qui lui plaît le plus, ce sont les montagnes russes.

Quand le rêve est fini, Lulu veut encore une aventure. Venez avec moi, allons voir le dragon. De quoi peut-il bien rêver ?

Șoarecele cel mic e la bâlci. Cel mai mult îi place trenulețul zburător. Când visul s-a sfârșit, Lulu vrea să descopere și mai mult. Haideți și voi, îl vizităm pe dragon. Oare ce visează el?

Le dragon a soif à force de cracher le feu. Il voudrait boire tout le lac de limonade !

Quand le rêve est fini, Lulu veut encore une aventure. Venez avec moi, allons voir le kangourou. De quoi peut-il bien rêver ?

Dragonului îi este sete de la scuipat de foc. Cel mai mult i-ar plăcea să bea tot lacul de limonadă.
Când visul s-a sfârșit, Lulu vrea să descopere și mai mult. Haideți și voi, îl vizităm pe cangur! Oare ce visează el?

Le kangourou sautille dans la fabrique de bonbons et remplit sa poche.
Encore plus de ces bonbons bleus ! Et plus de sucettes ! Et du chocolat !
Quand le rêve est fini, Lulu veut encore une aventure. Venez avec moi,
allons voir le chevalier ! De quoi peut-il bien rêver ?

Cangurul sare prin fabrica de dulciuri și își îndoapă marsupiul. Și mai multe bomboane albastre! Și mai multe acadele! Și ciocolata!
Când visul s-a sfârșit, Lulu vrea să descopere și mai mult. Haideți și voi, îl vizităm pe cavaler! Oare ce visează el?

Le chevalier a une bataille de gâteaux avec la princesse de ses rêves. Ouh-la-la, le gâteau à la crème a râté son but !

Quand le rêve est fini, Lulu veut encore une aventure. Venez avec moi, allons voir le singe ! De quoi peut-il bien rêver ?

Cavalerul face o bătaie cu tort cu prințesa lui de vis. Oh! Tortul de frișcă zboară pe lângă!

Când visul s-a sfârșit, Lulu vrea să descopere și mai mult. Haideți și voi, o vizităm pe maimuță! Oare ce visează ea?

Il a enfin neigé au pays des singes. Toute leur bande est en folie, et fait des bêtises.

Quand le rêve est fini, Lulu veut encore une aventure. Venez avec moi, allons voir le pilote ! Sur quel rêve a-t-il pu se poser ?

În sfârșit a nins odată în lumea maimuțelor! Toată trupa maimuțelor și-a ieșit din minte și face spectacol.

Când visul s-a sfârșit, Lulu vrea să descopere și mai mult. Haideți și voi, îl vizităm pe pilot! În ce vis a aterizat el oare?

Le pilote vole et vole. Jusqu'au bout du monde, et encore au delà, jusqu'aux étoiles. Jamais aucun pilote ne l'avait fait.
Quand le rêve est fini, ils sont déjà tous très fatigués, et n'ont plus trop envie d'aventures. Mais quand même, ils veulent encore voir le bébé lion.
De quoi peut-il bien rêver ?

Pilotul zboară și zboară. Până la capătul pământului și mai departe până la stele. Așa ceva nu a reușit nici un alt pilot.
Când visul s-a sfârșit, sunt toți foarte obosiți și nu mai vor să descopere așa de multe. Dar pe puiul de leu mai vor să îl viziteze. Oare ce visează el?

Le bébé lion a le mal du pays, et voudrait retourner dans son lit bien chaud et douillet.
Et les autres aussi.

Et voilà que commence ...

Puiului de leu îi este dor de casă și vrea înapoi în patul cald și pufos.
Și ceilalți la fel.

Și atunci începe ...

... le plus beau rêve
de Lulu.

... visul cel mai frumos
al lui Lulu.

Ulrich Renz • Marc Robitzky

Les cygnes sauvages

Lebedele sălbatice

Traduction:

Martin Andler (français)

Bianca Roiban (roumain)

Livre audio et vidéo :

www.sefa-bilingual.com/bonus

Accès gratuit avec le mot de passe:

français: **WSFR1527**

roumain: **WSRO2724**

Ulrich Renz · Marc Robitzky

Les cygnes sauvages

Lebedele sălbatice

D'après un conte de fées de

Hans Christian Andersen

sefa

+ audio + video

français — bilingue — roumain

Il était une fois douze enfants royaux — onze frères et une sœur ainée, Elisa. Ils vivaient heureux dans un magnifique château.

Au fost odată, ca niciodată doisprezece copii de rege – unsprezece frați și o soră mai mare, Elisa. Ei trăiau fericiți într-un palat minunat.

Un jour, la mère mourut, et après un certain temps, le roi se remaria. Mais la nouvelle épouse était une méchante sorcière. Elle changea les onze princes en cygnes et les envoya dans un pays éloigné, au delà de la grande forêt.

Într-o zi mama murise, și după un timp regele se recăsători. Dar soția cea nouă era o vrăjitoare rea. Ea vrăji pe cei unsprezece prinți în lebede și îi trimise departe, într-o țară depărtată, după pădurea cea mare.

Elle habilla la fille de haillons et enduisit son visage d'une pommade répugnante, si bien que son propre père ne la reconnut pas et la chassa du château. Elisa courut vers la sombre forêt.

Ea a îmbrăcat fetița în zdrențe și îi mânji fața cu o alifie urâtă, așa încât chiar propriul tată nu o mai recunoscu și o izgoni din palat. Elisa fugi în pădurea neagră.

Elle était alors toute seule et ses frères lui manquaient terriblement au plus profond de son âme. Quand le soir vint, elle se confectionna un lit de mousse sous les arbres.

Acum era foarte singură și tânjea din adâncul sufletului după frații ei dispăruți. Când se înoptă își făcu sub pomi un pat din mușchi.

Le lendemain matin, elle arriva à un lac tranquille et fut choquée de voir son reflet dans l'eau. Une fois lavée, cependant, elle redevint le plus bel enfant royal sous le soleil.

Ziua următoare veni ea la un lac limpede și se îngrozi când își văzu chipul oglindit. Însă după ce se spălă, era cel mai frumos copil de rege sub soare.

Après de nombreux jours, elle arriva à la grande mer. Sur les vagues dansaient onze plumes de cygnes.

După multe zile ajunse Elisa la marea cea mare. Pe valuri pluteau unsprezece pene de lebede.

Au coucher du soleil, il y eut un bruissement dans l'air, et onze cygnes sauvages se posèrent sur l'eau. Elisa reconnut tout de suite ses frères ensorcelés. Mais comme ils parlaient la langue des cygnes, elle ne pouvait pas les comprendre.

La apusul soarelui s-a auzit un fâlfâit în aer și unsprezece lebede aterizau pe apa. Elisa recunoscu imediat pe frații ei vrăjiți. Dar fiindca ei vorbeau limba lebedelor, ea nu îi putea înțelege.

Chaque jour, les cygnes s'envolaient au loin, et la nuit, les frères et sœurs se blottissaient les uns contre les autres dans une grotte.

Une nuit, Elisa fit un rêve étrange : sa mère lui disait comment racheter ses frères. Elle devrait tricoter une chemise d'orties à chacun des cygnes et les leur jeter dessus. Mais avant d'en être là, il ne fallait pas qu'elle prononce un seul mot : sinon ses frères allaient mourir.
Elisa se mit au travail immédiatement. Et bien que ses mains lui brûlaient comme du feu, elle tricotait et tricotait inlassablement.

Ziua lebedele plecau în zbor, noaptea se cuibăreau frații împreună cu sora lor într-o peșteră.

Într-o noapte Elisa avuse un vis ciudat: mama ei îi spuse cum putea să-și elibereze frații. Din urzici trebuia să tricoteze pentru fiecare lebădă o cămășuță și să o arunce peste ea. Dar până atunci nu avea voie să vorbească nici un cuvânt, altfel ar fi trebuit să moară frații ei.
Elisa se puse imediat pe treabă. Deși mâinile îi ardeau ca focul, ea tricota neobosită. Ziua lebedele plecau în zbor, noaptea se cuibăreau frații împreună cu sora lor într-o peșteră.

Un jour, des cornes de chasse se firent entendre au loin. Un prince, accompagné de son entourage, arriva à cheval et s'arrêta devant elle. Quand leurs regards se croisèrent, ils tombèrent amoureux.

Într-o zi se auziră din depărtare cornuri de vânătoare. Un prinț veni cu alaiul său călărind și în curând stătu în fața ei. De îndată ce-și întâlniră privirile, se îndrăgostiră unul de celălalt.

Le prince prit Elisa sur son cheval et l'emmena dans son château.

Prințul o ridică pe Elisa pe calul său și călări cu ea spre palatul său.

Le très puissant trésorier fut loin d'être content de l'arrivée de cette beauté muette : c'était sa fille à lui qui devait devenir la femme du prince !

Puternicul trezorier nu era deloc fericit de sosirea frumoasei mute. Fiica sa trebuia să devină mireasa prințului.

Elisa n'avait pas oublié ses frères. Chaque soir, elle poursuivait son travail sur les chemises. Une nuit, elle alla au cimetière pour cueillir des orties fraiches. Le trésorier l'observa en cachette.

Elisa nu își uitase frații. În fiecare noapte lucră mai departe la cămășuțe. Într-o noapte se duse în cimitir ca să adune urzici proaspete. Trezorierul o spiona.

Dès que le prince partit à la chasse, le trésorier fit enfermer Elisa dans le donjon. Il prétendait qu'elle était une sorcière qui se réunissait avec d'autres sorcières la nuit.

De îndată ce prințul plecă la vânătoare, puse ca Elisa să fie aruncată în temniță. El susținea că ea ar fi o vrăjitoare, care se întâlnea noaptea cu alte vrăjitoare.

Au petit matin Elisa fut emmenée par les gardes. Elle devait être brûlée sur la place du marché.

Dis de dimineață au venit păzitorii după ea. Trebuia să fie arsă pe rug.

A peine y fut-elle arrivée qu'onze cygnes arrivèrent en volant. Elisa, très vite, jeta une chemise d'orties sur chacun d'eux. Bientôt, tous ses frères étaient devant elle en forme humaine. Seul le plus petit, dont la chemise n'était pas terminée, avait encore une aile à la place d'un bras.

De abea ajunse acolo, că deodată unsprezece lebede albe veniseră în zbor. Repede Elisa aruncă fiecăreia câte o cămășuță de urzici. De îndată stăteau toți frații în chip de om în fața ei. Doar celui mai mic, a cărui cămașă încă nu fusese gata, îi rămase în loc de braț o aripă.

Les frères et la sœur étaient encore en train de s'étreindre et de s'embrasser quand le prince revint. Elisa put enfin tout lui expliquer. Le prince fit jeter le méchant trésorier dans le donjon. Après quoi, le mariage fut célébré pendant sept jours.

Et ils vécurent heureux et eurent beaucoup d'enfants.

Îmbrățișările și sărutările fraților înca nu se terminaseră când prințul se întoarse. În sfârșit putu Elisa să îi explice totul. Prințul puse ca răul trezorier să fie aruncat în temniță. Și după accea se sărbători șapte zile nuntă.

Și au trăit fericiți până la adânci bătrâneți.

Hans Christian Andersen

Hans Christian Andersen est né en 1805 dans la ville danoise d'Odense et est mort en 1875 à Copenhague. Avec ses contes de fées tels que « La Petite Sirène », « Les Habits neufs de l'empereur » ou « Le Vilain Petit Canard », il s'est fait connaitre dans le monde entier. Ce conte-ci, « Les cygnes sauvages », a été publié en 1838. Il a été traduit en plus d'une centaine de langues et adapté pour une large gamme de médias, y compris le théâtre, le cinéma et la comédie musicale.

Barbara Brinkmann est née à Munich en 1969 et a grandi dans les contreforts bavarois des Alpes. Elle a étudié l'architecture à Munich et est actuellement associée de recherche à la Faculté d'architecture de l'Université technique de Munich. En outre, elle travaille en tant que graphiste, illustratrice et écrivaine indépendante.

Cornelia Haas est née en 1972 à Ichenhausen près d'Augsbourg. Après une formation en apprentissage de fabricant d'enseignes et de publicités lumineuses, elle a fait des études de design à l'université de sciences appliquées de Münster où elle a obtenu son diplôme. Depuis 2001, elle illustre des livres pour enfants et adolescents, depuis 2013, elle enseigne la peinture acrylique et numérique à la à l'université de sciences appliquées de Münster.

Marc Robitzky, né en 1973, a fait ses études à l'école technique d'art à Hambourg et à l'académie des arts visuels à Francfort. Il travaille comme illlustrateur indépendant et graphiste à Aschaffenburg (Allemagne).

Ulrich Renz est né en 1960 à Stuttgart (Allemagne). Après des études de littérature française à Paris, il fait ses études de médecine à Lübeck, puis dirige une maison d'édition scientifique et médicale. Aujourd'hui, Renz écrit des essais et des livres pour enfants et adolescents.

Tu aimes dessiner ?

Voici les images de l'histoire à colorier :

www.sefa-bilingual.com/coloring